RÉFLEXIONS

D'UN HISTORIEN

SUR LA GUERRE

LIBRAIRIE ARMAND COLIN

80373. — Imprimerie LAHURE, 9, rue de Fleurus, à Paris.

VICOMTE BRYCE

Président de l'Académie Britannique

RÉFLEXIONS
D'UN HISTORIEN
SUR LA GUERRE
DANS LE PASSÉ ET DANS L'AVENIR

Traduit de l'anglais par LUCIEN HERR

LIBRAIRIE ARMAND COLIN
103, Boulevard Saint-Michel, PARIS

1918

AVANT-PROPOS DES ÉDITEURS

L'autorité de M. James BRYCE — aujourd'hui vicomte BRYCE — n'est guère moindre en France qu'en Grande-Bretagne ou aux États-Unis. Ceux qui ont lu ses grandes études sur le Saint-Empire romain germanique, sur la Démocratie américaine, sur les Républiques de l'Amérique du Sud, savent que cet historien n'est pas seulement un savant. Il n'a rien écrit sur le passé qui ne soit tout pénétré d'un souci constant du présent et de l'avenir. Il est avant tout un homme politique, un philosophe, un moraliste, et, au sens le plus complet et le plus élevé du mot, un homme. Il est l'une des figures les plus achevées de cette haute dignité intellectuelle et morale dont la littérature de langue anglaise offre quelques magnifiques exemples. Deux fois, à un an de distance, dans les discours présidentiels qu'il a prononcés devant l'Académie britannique, il a parlé de la guerre. Il l'a fait avec une hauteur de vues et une noblesse que rien n'égale dans la littérature contemporaine. Il a fait effort pour voir par-delà la catastrophe présente, en homme qui veut dominer un moment la tragique souffrance commune et interroger la douloureuse destinée humaine, et qui se demande, à la lumière de l'histoire passée et de l'histoire présente, si les causes de guerre sont donc éternelles, ou s'il est quelque motif d'espérer. Et cette grave et éloquente méditation s'achève sur un espoir encore fragile et inquiet, mais volontairement confiant, en la petite lueur incertaine et vacillante, annonciatrice de la paix durable entre les nations.

AVANT-PROPOS DE L'AUTEUR

Si les pages qui suivent sont offertes au public de France, c'est grâce à l'initiative d'un éminent ami français de l'auteur. Ces allocutions présidentielles furent adressées en 1915 et en 1916 à l'Académie britannique, devant qui, selon une règle constante, il ne sied pas de toucher aux questions de la politique actuelle, soit intérieure, soit extérieure : en conséquence, l'auteur se voyait tenu de taire son propre sentiment sur les causes initiales de la présente guerre, et sur la manière dont elle est conduite par les gouvernements ennemis, quoi qu'il dût lui en coûter de s'abstenir de tout jugement moral. Il s'est donc trouvé contraint de faire effort sur lui-même pour rester calme et impassible devant les terribles événements de l'heure présente, et pour en parler comme si déjà ils appartenaient au passé ; il s'est placé, du mieux qu'il a pu, au point de vue de l'historien qui se proposerait, un jour à venir, tout à la fois de décrire les impressions ressenties par les témoins contemporains de ces événements, et de discerner dans les événements eux-mêmes les motifs d'action et les ten-

dances qui, depuis qu'il y à des hommes, com-
mandent éternellement la conduite de tout peuple
en guerre.

Deux ou trois modifications légères, et qui ne
changent rien au fond, ont été introduites dans le
texte primitif de ces allocutions, soit pour y appor-
ter plus de clarté, soit parce qu'il s'est produit,
depuis qu'elles furent prononcées, des faits qui
obligent aujourd'hui à présenter les choses un peu
autrement qu'il n'était possible de le faire il y a un
an ou deux ans.

I

Allocution prononcée le 30 juin 1915

Le compte est si vite fait, cette année, des travaux qui concernent les domaines habituels de notre Académie, que vous attendez sans doute de moi que je vous soumette quelques réflexions touchant la guerre elle-même, les causes qui l'ont amenée, les antagonismes qu'elle a révélés — antagonismes plus profonds qu'on n'était généralement porté à le croire — et les changements qui en seront vraisemblablement la conséquence. Mais, d'autre part, plus d'un d'entre vous n'a pas manqué de sentir — et vous serez sûrement unanimes à reconnaître — combien il est périlleux d'exprimer un jugement public sur les événements des onze mois écoulés, alors qu'on est sous l'influence d'émotions profondes, et qu'on ne possède des choses qu'une connaissance imparfaite. Il n'est personne d'entre nous qui n'ait eu occasion de regretter, en les relisant au bout de quelques années, des paroles écrites dans la chaleur du

1

moment. Le temps modifie nos jugements, à mesure qu'il apaise nos passions. Ni les amitiés des nations ni leurs inimitiés ne sont soustraites au changement. Vous vous souvenez qu'Ajax, dans le drame de Sophocle, dit avoir appris « qu'il faut haïr son ennemi comme s'il devait plus tard redevenir notre ami. » Il vaut mieux se garder, dans une allocution adressée à l'Académie, de dire aujourd'hui un seul mot qui soit de nature à causer une peine à l'un quelconque de ses membres, à quelque nation qu'il appartienne, s'il vient à la lire dans dix ans ou dans vingt ans. Les journaux et les brochures polémiques suffiront — et au delà — à attester aux yeux de la postérité les pensées, les imaginations et les passions de l'heure que nous vivons.

Ce qu'il nous est permis de faire — et non sans profit — c'est de fixer et de noter avec tout le calme possible les impressions que déposent en nous les faits qui frappent notre regard et que notre œil observe tandis qu'ils entrent dans le champ de l'histoire. Bien des plumes, au cours des siècles à venir, s'appliqueront aux événements qui ont rempli cette année, et ils fourniront matière à des controverses sans fin. Il serait bon que tout homme qui doit à ses études un tant soit peu de sens historique notât de mois en mois, dans un esprit d'historien, les impressions qu'il a reçues. Que ces impressions soient destinées à être démenties dans l'avenir, ou qu'elles soient au contraire confirmées par les événements ultérieurs, en l'un et l'autre cas leur notation sera d'une égale utilité, car l'historien de demain aura le désir de connaître, non seulement ce qui s'est passé, mais encore ce que l'on a cru et pensé tandis que les événements se succédaient. Les omissions mêmes ont leur prix. Dans cinquante ans, on sera frappé de l'importance de choses dont les contemporains n'auront pas soupçonné le moins du monde l'intérêt, et l'on se demandera comment ces observateurs ont pu manquer de voir ou de comprendre des faits qui apparaîtront alors dans un vigoureux et éclatant relief.

Laissez-moi donc tenter d'énumérer brièvement, parmi les faits de la situation présente, ceux qui nous frappent surtout, — ceux qui font qu'elle est neuve, et qu'elle est terrible.

*
* *

Le premier fait, c'est l'immense étendue et les dimensions immenses de la guerre. Thucydide a remarqué que les hommes sont toujours portés à considérer la guerre dans laquelle ils sont engagés comme la plus grande qu'on ait jamais vue. Mais cette fois il est positivement évident que le conflit dépasse en grandeur tout ce qu'ont connu nos devanciers. On pouvait le prédire il y a vingt ans, dans l'hypothèse d'une guerre où seraient impliquées à la fois la

Russie, l'Allemagne et la Grande-Bretagne, en songeant à l'ampleur des possessions, des prétentions et des ambitions de ces trois empires. Or, la réalité dépasse infiniment toute prévision. Les six grandes puissances d'Europe et quatre puissances de second plan sont engagées dans la guerre. Il en est de même de tout le vieux monde situé hors de l'Europe, à l'exception de la Chine et de la Perse, et des possessions des Pays-Bas et du Portugal. Du nouveau monde, les dominions et les colonies britanniques sont seules à y prendre part, — et cette abstention de l'hémisphère occidental exprime d'une manière frappante à quel point il se tient à l'écart des conflits de notre hémisphère[1].

Deuxièmement, il faut noter l'action prodigieuse de la guerre sur les nations neutres. Ici encore il était possible de prévoir, sachant quelle extension ont prise les échanges du commerce international, et de quel réseau serré la finance enveloppe le globe entier. Mais ici encore les effets constatés passent toute attente.

Troisièmement, les méthodes et le caractère

1. Depuis que ces lignes furent écrites, trois autres puissances européennes y sont entrées, et les colonies portugaises s'y sont trouvées impliquées (*Note de l'auteur, du 1er novembre 1916*). — Aujourd'hui les États-Unis, la Chine, le Siam, le Brésil sont engagés à leur tour dans la guerre, qui paraît devoir gagner d'autres États de l'Amérique du Sud et de l'Amérique Centrale (*Note du 18 octobre 1917*).

de la guerre ont subi des changements bien plus considérables qu'à aucune autre époque. Il a fallu beaucoup plus de deux siècles, à dater de l'invention de la poudre à canon, pour que le mousquet et l'artillerie prissent définitivement la place de l'arbalète et de l'armure de défense : la pique longue, après avoir été d'un usage constant durant vingt siècles au moins, fut encore employée à une date aussi rapprochée de nous que l'est la révolte irlandaise de 1798, et même jusqu'au cours de l'insurrection avortée de 1848. Au lieu que la guerre est aujourd'hui tout autre chose qu'elle ne fut dans la campagne de 1870-71, et même lors du conflit russo-japonais de 1904. La chimie a tout transformé en accroissant la portée et la puissance explosive des projectiles, tandis que l'électricité, se passant de fils, fournissait de nouveaux modes de communication, non seulement au long des lignes de bataille, mais au travers des territoires ennemis. Et nul n'eût osé rêver d'une guerre aérienne ni d'une guerre sous-marine.

Quatrièmement. — Non seulement les armées l'emportent infiniment par le nombre sur tout ce qu'on avait encore vu, mais le coût de la guerre, proportionnellement au nombre des combattants, est plus élevé qu'à aucun autre moment de l'histoire. On évalue à plus de 250 millions de francs la dépense quotidienne des dix puissances belligérantes d'Europe.

A ce taux, leur dépense annuelle ne saurait, au total, être inférieure à 100 milliards de francs. Chiffre minimum, qui sera peut-être largement dépassé : quelques économistes compétents l'évaluent à 125 milliards. De pareils nombres ne confondent guère moins notre imagination que ceux qui expriment les distances de la terre aux étoiles fixes.

Cinquièmement. — Dans chacun des pays en guerre, la nation tout entière prend à la lutte une part plus pleine et plus ardente, avec un sentiment plus fort de son unité, que dans aucune des guerres antérieures. Au xviiie siècle, chez la plupart des nations, ce qui se passait était uniquement l'affaire du souverain et de la classe dirigeante. Tout fut changé par le grand conflit européen qui prit naissance en 1793. Mais la guerre présente a pris à un tout autre degré qu'aucune autre un caractère national, en ce sens qu'elle a remué de fond en comble les cœurs de chaque peuple dans sa totalité, et qu'elle est poursuivie en tous pays avec une résolution plus implacable. A cet égard, elle rappelle les guerres civiles entre les petites républiques de l'ancienne Grèce et de l'Italie antique, et celles du moyen âge italien.

Sixièmement. — De graves problèmes moraux se sont posés, en des termes plus aigus que jamais. L'État est-il au-dessus de la mo-

ralité? La raison de la nécessité militaire —
dont l'État lui-même sera naturellement seul
juge — l'autorise-t-elle à n'avoir aucun égard
pour les droits d'autres États ? (voir chez Thucydide, livre V, 84-113, l'affaire de Mélos).

Septièmement. — On prédisait naguère que
l'immensité des intérêts qui se trouveraient
impliqués dans un conflit, que la puissance
toujours croissante des défenses qui tiendraient
une attaque en échec, que la diffusion sans
cesse accrue des sentiments pacifiques ren-
draient dorénavant la guerre impossible : ces
prédictions se sont toutes démontrées fausses.
— La Sagesse du Sage, qu'en est-il advenu? —
Il y a une douzaine d'années, dans un livre qui
fit alors grande impression, Jean de Bloch éta-
blissait que la difficulté de jour en jour plus
grande de conduire des opérations militaires
sur une échelle énorme suffirait à décourager
toute velléité belliqueuse. Bien des gens esti-
maient que la haute finance saurait empêcher
la guerre. A une date plus récente, un écrivain
riche de talent et d'arguments — M. Norman
Angell — nous montrait qu'un pays a infiniment plus à perdre à la guerre qu'il ne peut
gagner à la victoire. D'autres pensaient que le
sentiment de solidarité qui lie entre eux les
ouvriers des nations industrielles serait assez
fort pour interdire aux gouvernements toute
guerre qui ne serait pas rigoureusement défen-

sive. D'autres encore affirmaient que les démocraties sont pacifiques de leur nature, parce que la masse du peuple paie de son sang, alors que les classes dirigeantes ne paient que de leur argent. — Je ne veux pas dire que tous ces arguments soient faux, mais il est de fait que les forces sur lesquelles ils s'appuient se sont démontrées impuissantes. Pratiquement, la Sagesse du Sage a été confondue, parce que les conducteurs des peuples ont obéi à des motifs tout autres que ceux de la pure raison.

*
* *

Tels sont les faits manifestes et tangibles dont nous avons été les témoins. Arrivons aux réflexions que ces faits suggèrent. Il n'est pas aisé de les énoncer avec le froid et tranquille détachement qui est le devoir idéal de l'historien; mais il faut faire l'effort de le tenter.

Je veux passer sans m'y arrêter sur la réflexion qui, la première de toutes, s'empara de nos esprits lorsqu'éclata la guerre, et qui persiste en nous comme le fond tenace et sombre sur lequel se détachent ses aspects successifs. Après plus de quarante siècles de civilisation et dix-neuf siècles de christianisme, l'humanité — dans le cas présent, plus de la moitié de l'humanité — règle ses différends par les mêmes moyens qu'à l'âge de pierre. Les armes sont plus variées et plus destructives : elles

sont le produit suprême d'une science prodi-
gieusement accrue. Mais l'esprit et les effets
sont identiques.

Jamais, en aucun temps, les communications
n'ont été aussi aisées, ni les moyens de recueil-
lir et de répandre les informations n'ont été
aussi abondants. Et pourtant, combien nous
savons peu de choses avec certitude touchant
quelques-unes des causes véritables et des cir-
constances qui ont donné naissance à la guerre!
Les opinions qui ont cours dans les différents
pays diffèrent entre elles du tout au tout — pour
ne pas dire qu'elles se contredisent. Il en est
dont la fausseté est parfaitement démontrable.
Même dans les pays neutres, tels que la Hol-
lande, la Suisse et l'Espagne, les divergences
sont nettement tranchées, non seulement quant
aux droits, mais encore quant aux faits. La
nation allemande paraît être aussi unanime à
croire qu'elle poursuit une guerre défensive,
que les nations française et anglaise le sont à
être convaincues du contraire; et pour nous,
en Grande-Bretagne, si nous voyons clair quant
aux points essentiels, il en est plus d'un qui
restera obscur de longues années à venir.

Combien est petit, en chaque pays, le nombre des hommes qui tiennent en leurs mains
les décisions de guerre ou de paix! Dans certains des pays qui sont aujourd'hui en guerre,

les résolutions finales furent prises par quatre
ou cinq personnes à peine, en d'autres, par six
ou sept tout au plus. En Grande-Bretagne
même, tout dépendit, en fait, de moins de
vingt-cinq hommes, car, si l'on fit appel à un
petit nombre de personnages étrangers au Cabinet, il s'en faut que tous les membres du
Cabinet aient eu un rôle effectif. Sans doute il
faut bien tenir compte du sentiment populaire,
même dans les États qui sont gouvernés plus
ou moins despotiquement. La poignée des
gouvernants ne se risquerait pas à aller contre
le sentiment ferme et nettement exprimé de la
masse du peuple. Mais, dans la réalité, les
masses sont conduites par un petit nombre, et
leur opinion, surtout à l'heure d'une crise, leur
est dictée par l'autorité et les mots d'ordre des
quelques hommes auxquels elles sont habi-
tuées à donner leur confiance ou à obéir. Et,
tout compte fait, la décision vitale, au moment
vital, appartient au petit nombre. Si ceux-là
avaient décidé autrement qu'ils n'ont fait, la
chose ne serait pas arrivée. Quelque chose
d'analogue aurait pu arriver plus tard, mais la
guerre ne serait pas venue à l'heure où elle est
venue, ni de cette manière.

Quelle rapidité dans la marche d'événements
gigantesques, quelle promptitude dans des
décisions dont la portée est immense ! Au cours
des douze journées fatales comprises entre le

23 juillet et le 4 août, pas un instant ne fut donné à la réflexion. Entre sept capitales les télégrammes volaient de l'une à l'autre, en tous sens, comme des flèches rapides qui se croisent en l'air, et il eût fallu une intelligence d'une ampleur et d'une puissance surhumaines pour saisir et embrasser sous tous leurs aspects tous les problèmes soulevés et évoqués, pour prévoir les effets éventuels et les conséquences lointaines de chacune des démarches possibles dans le jeu d'une partie aussi compliquée. Le cerveau d'un César ou d'un Bonaparte eût été inférieur à une pareille tâche. Ici, le télégraphe a agi dans le sens de la catastrophe. Si les communications s'étaient échangées par le moyen de dépêches écrites, comme c'eût été le cas il y a quatre-vingts ans, il est probable que la guerre eût pu être évitée.

On a parfois le sentiment que les États modernes ont pris des proportions trop vastes pour les hommes qui ont à charge de gérer leurs destinées. L'humanité croît en volume, en connaissances accumulées, en compréhension des forces naturelles; mais les intelligences des individus pris un à un ne croissent pas. Le don de saisir et d'évaluer en leur entier la masse infiniment plus grande de données dont il y a lieu de tenir compte, la masse infiniment plus abondante des moyens dont les hommes disposent, la complexité infiniment plus grande des problèmes dont dépend la prospérité ou l'infortune d'un très grand nombre d'êtres humains, — ce don n'a aucune raison de grandir. La disproportion entre les personnes des gouvernants — avec leurs préjugés et leurs inclinations, leurs intérêts égoïstes et leurs vanités — et les conséquences incommensurables qui découlent de leurs volitions individuelles, devient plus saisissante et plus tragique. Les petites cités-républiques de l'antiquité avaient bien leurs avantages. Au moins, si l'une d'entre elles venait à décliner ou à périr, la nation demeurait, et quelque autre ville se mettait à fleurir, pour remplacer celle qui venait de disparaître de la scène. Au lieu qu'à présent d'énormes nations sont concentrées aux mains d'un gouvernement dont elles partagent tout entières les désastres. Un grand État moderne ressemble à un navire géant qui serait construit sans compartiments étanches : vient-il à être mal piloté, il peut arriver qu'il lui suffise, pour périr tout entier, de heurter le moindre écueil.

Combien les peuples modernes, en dépit des moyens d'information extraordinairement abondants dont ils disposent, peuvent néanmoins rester mutuellement ignorants de leurs caractères véritables et de leurs intentions! Il est clair que chacune des nations qui sont aujourd'hui en guerre s'est fait une idée fausse de ses adversaires, et que sa conduite s'en est fâcheusement ressentie : elle a ignoré leurs pensées intimes, elle s'est méprise sur leur politique. Au temps de la Guerre civile des États-Unis, il a été dit que, s'il n'avait pas été possible de régler pacifiquement les différends, c'était surtout parce que les États du Sud avaient totalement méconnu les États du Nord, et s'étaient obstinés à croire que le Nord se souciait uniquement de l'argent, — et pourtant les uns et les autres étaient membres d'une même République et parlaient une seule et même langue. On ne pouvait sans doute attendre des diverses nations de l'Europe qu'elles eussent l'une de l'autre une connaissance aussi intime, mais du moins était-il permis de penser que leurs relations commerciales, l'activité de la presse et l'immense accroissement numérique des voyages à l'étranger auraient donné à chacune d'elles une estimation plus exacte et plus équitable des dispositions des autres.

*
* *

Depuis Thucydide, les historiens ont accumulé, touchant la manière dont les nations se comportent en temps de guerre, un grand nombre d'observations générales, qui ont pris un relief plus vigoureux à la lumière des faits qui se succèdent sous nos yeux. Je veux en relever quelques-unes, pour indiquer de quelle manière nous pouvons tirer profit des expériences que l'Europe nous fournit en ce moment.

Une nation en danger change de manière d'être. La défense devient la nécessité suprême. A la place du mécanisme habituel du gouvernement surgit une dictature analogue à celle de l'ancienne Rome, alors que vingt-quatre licteurs entouraient le magistrat, et que le veto tribunitien s'effaçait, ainsi que le droit d'appel au peuple. L'intérêt national passe avant toute autre chose. L'opinion publique accepte que les garanties constitutionnelles soient suspendues, et les actes de pouvoir arbitraire, fussent-ils violents, sont accueillis avec faveur, parce qu'on y voit l'indice de la force chez celui qui gouverne. On consent même à ne rien savoir. Toute critique se tait. *Cedit toga armis*. Le soldat se rend au front, parle avec une autorité qui rejette dans l'ombre celle de l'homme politique, est le maître de faire tout ce qu'il déclare nécessaire au salut du pays. Aussi longtemps que ce salut est assuré, tout est permis et concédé, et le succès confère un prestige sans bornes.

A considérer ces choses, on se rend compte à quel point la guerre est un danger pour la liberté, sauf dans les États où une longue tradition a profondément enraciné les mœurs constitutionnelles. Dans la Grèce antique, les séditions frayaient la voie à la tyrannie. Napoléon s'attendait à ce qu'au lendemain de Waterloo le duc de Wellington s'emparât du pouvoir, — et c'est en effet ce qu'aurait pu tenter, après un pareil triomphe, un vainqueur de qualité moins haute que Wellington, s'il n'eût dû rencontrer en travers de son chemin une très vieille monarchie, et les siècles d'existence du Parlement. La guerre est l'écueil où se brisent les démocraties. Guerre civile : l'homme qui restaure la paix est acclamé comme le fut Auguste, et il peut arriver que même un Louis-Napoléon soit bien accueilli s'il vient promettant la sécurité à qui possède. Guerre étrangère : l'homme à cheval qui tient l'épée domine de bien haut l'homme à pied qui ne sait que parler et administrer.

Les phénomènes psychologiques qu'avaient notés nos devanciers au spectacle des nations en proie à la guerre ou à la révolution, ont revêtu, eux aussi, dans l'Europe d'aujourd'hui, la réalité saisissante de la vie. Une passion identique s'empare en un moment de chaque citoyen, et, de se savoir commune à d'autres, brûle plus ardente en chacun. On raconte que lorsque des moutons, paissant dispersés sur une montagne, voient approcher un danger, ils se ramassent précipitamment en un troupeau serré, les béliers rangés devant et faisant tête à l'ennemi : tous ne font plus qu'un, âme

unique, peur unique, rage de terreur unique.
De même, à l'heure du danger, une société
humaine sent et agit comme un seul homme.
La nation prend une réalité si vivante et si
souveraine qu'elle devient à elle-même sa propre
et unique loi, et n'a cure de l'opinion des autres
nations. L'homme est perdu dans la foule, et
la foule sent plus qu'elle ne pense. L'intensité
de la passion suspend l'exercice normal de la
volonté individuelle, et même de la raison individuelle. La peur et l'anxiété nourrissent le
soupçon et la crédulité. Chacun est prêt à
admettre le pire de quiconque est suspecté. Ce
qu'on nomme la suggestion atteint à un tel
degré de puissance qu'un homme dénoncé est,
de fait, un homme condamné. Lavoisier s'en-
tend lire le jugement qui l'envoie à la guillo-
tine : il déclare qu'il est un innocent chimiste;
mais on lui répond que la République n'a que
faire de chimistes. Après la mort de Jules
César, on arrête Cinna, le poète : il a beau
protester qu'il n'est pas Cinna le conspirateur,
on le tue pour le nom qu'il porte, et, dans la
pièce de Shakespeare, un passant ajoute :
« Tue-le pour ses mauvais vers ! » Un nom
d'origine étrangère suffit à faire un espion de
celui qu'il nomme. Les accusations les plus
absurdes trouvent créance. Point de tolérance
pour une opinion dissidente : c'est trahir que
d'énoncer un jugement qui aille contre le sentiment de tous. Tout hommage rendu au ca-

ractère ou même aux dons intellectuels d'un ennemi est ressenti comme une injure. Chacun blâme les sentiments d'humanité qui vont à l'ennemi, sauf lorsqu'on prend la précaution d'user, pour les exprimer, des propres termes de la Sainte Écriture. La flamme jaillissante de la haine atteint non seulement le gouvernement et les armées, mais jusqu'aux citoyens innocents de la nation ennemie. Ces phénomènes psychologiques constants et depuis longtemps décrits frappent aujourd'hui plus ou moins le regard chez toutes les nations européennes; si chez nous, Anglais, ils ont gardé une intensité relativement atténuée, c'est d'abord parce que nous sommes de tempérament froid, et ensuite parce que notre sol n'a pas été foulé par l'envahisseur.

La surexcitation s'étend jusqu'aux émotions de nature religieuse, et il s'en faut qu'elle en développe partout et toujours les formes les plus pures. Dans la plupart des pays en guerre, les esprits très éclairés savent seuls se garder de prétendre à une toute spéciale protection de la divinité, et de donner chaque victoire comme un témoignage de sa particulière faveur. A de pareilles heures, il semble que l'homme moderne retourne aux âges primitifs, quand chaque tribu combattait pour son propre dieu, et attendait de son propre dieu qu'il combattît pour elle, quand Moab invoquait Chemosch, et que Tyr implorait Melkarth. Sans doute, de nos jours, chaque peuple s'empresse d'ajouter que, si la protection divine ne peut manquer de s'étendre sur elle, c'est parce que sa propre cause est la bonne. Mais, comme cette prétention se retrouve identique chez toutes les nations en présence, il n'y a pas grande différence, en fin de compte, entre notre temps et le temps de Chemosch et de Melkarth. — Chose étrange, le peuple chez qui le fanatisme fut toujours la plus constante et la plus robuste tradition répond aujourd'hui plus faiblement que jamais aux appels à la Guerre Sainte. Pourquoi la guerre présente paraît-elle aux Turcs mahométans moins sainte que les guerres qui leur ont jadis valu leurs conquêtes? Est-ce parce qu'ils ont aujourd'hui des puissances infidèles tout à la fois comme alliées et comme ennemies?

Je m'abstiens — pour les raisons que j'ai indiquées déjà — de relever les autres symptômes qui dénotent un retour aux conditions de la guerre en des temps très anciens. Il y a plus de douceur à noter que jamais on n'a vu brûler d'un plus vif éclat certaines des vertus que suscite la guerre. L'homme n'a dégénéré, sous l'effet de la civilisation, ni dans son corps ni dans l'énergie de sa volonté. La valeur et le sacrifice d'eux-mêmes qu'ont montrés les soldats de toutes nations ont été aussi remarquables qu'ils le furent jamais. La lignée de héros qui va des Thermopyles à Lucknow peut accueillir en frères égaux les combattants de nos jours, et chez ceux qui, demeurés au foyer, ont enduré la perte de fils et de frères plus chers à leurs cœurs que leur propre vie, il y a eu une dignité de patience et une résignation silencieuse qui les met au rang des Stoïciens de Rome ou des Saints du Christianisme.

*
* *

C'est ainsi, et autrement encore, que l'expérience présente illumine maints traits de la nature humaine, vérifie les témoignages portés par l'histoire sur maintes phases de la vie politique ou religieuse de l'humanité. Nous comprenons mieux ce que les nations deviennent aux heures du péril extrême et de l'effort suprême, et ceux d'entre nous qui s'occupent d'histoire auront profit à chercher dans le présent une lumière qui éclaire le passé.

Mais l'avenir nous sollicite bien plus gravement. Chacun de nous sent qu'au lendemain de la guerre nous verrons un monde transformé, sans qu'aucun puisse prédire à coup sûr ce que sera ce monde nouveau. Nous avons tous notre manière de voir, mais nous savons que ce ne sont là que des rêveries, car les possibles sont innombrables. Pourtant, il est bon que chacun de nous définisse, en ce qui concerne l'avenir, les problèmes qui occupent le plus gravement la pensée de tous, et sa propre pensée.

Cette guerre aura-t-elle pour effet de surexciter ou de tempérer l'esprit militaire? Certains estiment que toutes les nations, pour autant que leurs ressources le leur permettront, suivront demain l'exemple des États qui s'étaient préparés puissamment en vue de la guerre, et qu'en tous pays les armées seront plus nombreuses, les flottes plus grandes, les artilleries plus énormes; si bien qu'au lendemain de la paix, quelle qu'elle soit, après un temps de répit où il reprendrait haleine, le monde verrait s'engager de nouvelles luttes, jusqu'au jour où serait définitivement établie la suprématie d'une nation ou d'une race. — D'autres observateurs, de tempérament plus optimiste, se persuadent que l'humanité, si cruellement blessée dans ses sentiments, saura contraindre les chefs responsables des peuples à trouver, pour rendre impossible toute guerre désormais, des moyens plus efficaces que ne le fut la diplomatie, dont les événements ont rendu manifeste l'impuissance. Ces deux visions d'avenir ont pour elles l'une et l'autre des hommes de culture très large et de jugement robuste; l'une et l'autre peuvent invoquer de solides raisons.

Non moins incertaines sont les conséquences qu'aura la guerre en ce qui regarde le gouver-

nement et la politique des États en conflit.
Une seule chose est hors de doute, c'est que
ces conséquences auront une très longue
portée. Les hommes qui se piquent de traiter
la politique comme une science risquent de se
trouver bien à court, en s'apercevant combien
l'expérience du passé leur fournit peu de données certaines pour conjecturer ce qu'il advien-
dra, par exemple, du régime gouvernemental
de l'Allemagne ou de la Russie, dans la double
hypothèse, pour chacun de ces États, de la
victoire ou de la défaite.

De toutes les recherches qui s'appliquent à
l'homme — par opposition à la nature — l'éco-
nomique est celle qui approche le plus de la
science. Et pourtant les problèmes économiques qui se dressent devant nous ne sont guère
moins obscurs que les problèmes politiques.
Combien de temps faudra-t-il aux grandes
nations pour réparer les pertes qu'elles subissent en ce moment? La destruction de capital
a été plus considérable, au cours des onze
mois passés, qu'en aucun temps durant une
période aussi courte, et elle se poursuit avec
une rapidité accélérée. Il a fallu à l'Allemagne
près de deux siècles pour se relever des dévas-
tations causées par la guerre de Trente ans,
et près de quarante années s'écoulèrent, depuis
la fin de la Guerre civile, avant que la fortune
des États du Sud de l'Amérique du Nord re-

trouvât les chiffres de 1860. Il est permis d'espérer que la réparation, en notre temps, se fera à une allure beaucoup plus rapide, mais l'anéantissement de millions de cerveaux et de bras capables de produire ne peut manquer de ralentir le progrès, et chacune des nations industrielles souffrira de l'appauvrissement des autres.

Nous nous trouvons conduits ainsi à la plus grave des questions qui se dressent devant nous. Comment la population se trouvera-t-elle affectée, en quantité et en qualité? Avant 1914, le taux des naissances baissait en Allemagne et en Grande-Bretagne; et en France, il était tombé au point d'égaler tout au plus le taux des décès. Le mouvement sera-t-il accéléré par la disparition de ceux que la guerre aura tués ou estropiés? et combien faudra-t-il d'années pour relever le pouvoir de production industrielle de chaque pays? Plus de la moitié des étudiants et des jeunes maîtres de quelques-unes de nos Universités sont partis se battre[1], et beaucoup d'entre eux ne reviendront pas. Qui peut évaluer la perte que représente pour la littérature, pour la culture savante et pour la science, la mort de ces jeunes hommes, dont les vigoureuses et riches intelligences étaient peut-être appelées à faire de grandes

1. Jusqu'à ce jour, les neuf dixièmes, pour Oxford et Cambridge (*Note d'octobre* 1917).

découvertes, ou à enrichir le trésor de la pensée humaine? Ceux qui sont en train de périr
appartiennent à la portion la plus saine et la
plus robuste de la population, et promettaient
la descendance la plus précieuse. Constatera-
t-on un déclin d'énergie physique et mentale
chez la génération qui atteindra l'âge d'homme
dans trente ou quarante ans? Nous avons bien
peu de données pour rien prévoir, car aucune
guerre antérieure n'a été aussi meurtrière pour
l'Europe prise dans son ensemble, même si
l'on tient compte de l'accroissement de la population au cours du siècle écoulé. On a dit
— je ne sais avec quelle part de vérité — que
la taille et la vigueur physique de la population française avaient mis de longues années
à se relever des pertes causées par les guerres
qui sévirent entre 1793 et 1814. Niebuhr pen-
sait que la population de l'Empire romain ne
s'était jamais remise de la grande peste du
IIe siècle après Jésus-Christ; — mais, lorsqu'une épidémie décime une nation, c'est le
faible qui succombe, au lieu que, par la guerre,
c'est le fort. Nos amis de l'*Eugenics Society*
sont loin d'y voir clair dans les destinées des
peuples belligérants. Quelques-uns d'entre eux,
pour se bercer d'une consolation, se plaisent
à insister sur les excellents effets moraux qui
ne peuvent manquer de naître de l'excitation
que la guerre donne aux âmes. Ce que la
race perd corporellement, elle le regagnerait,

espèrent-ils, spirituellement. Prévision bien
théorique et conjecturale, à laquelle l'histoire
n'apporte aucune confirmation certaine. Assurément, il n'y a pas l'ombre d'un doute quant
à l'exaltation et à la grandeur morale que la
participation à la guerre donne aux hommes
qui combattent pour des motifs nobles, le
cœur tout empli par la foi en la justice de leur
cause. Nous la constatons aujourd'hui comme
on l'a constatée maintes fois avant nous. Mais
dans quelle mesure la portion non combat-
tante de chaque peuple en ressent-elle l'effet?
Et quelle sera la durée de cette exaltation?
L'exemple le plus proche de nous — exemple
typique en ce sens que de part et d'autre la
masse des combattants était animée d'un esprit
patriotique véritable — est celui de la guerre
américaine de Sécession. On sentit à cette
époque comme une renaissance morale de la
nation. Ce n'est ni le lieu ni le moment d'exa-
miner dans quelle mesure les effets qui suivi-
rent justifièrent l'attente ; car un pareil examen
vous retiendrait trop longtemps.

*
* *

Voilà donc quelques-unes des questions qui
se posent à l'heure présente devant nos esprits, et qu'il peut y avoir intérêt à noter, pour
que la génération prochaine se représente
mieux quelles pensées et quelles inquiétudes
occupaient les hommes qui cherchaient de leur

mieux, *sine ira, metu, studio*, à embrasser dans
sa vaste et difficile complexité cette époque si
grosse d'avenir. Il est trop tôt pour espérer
résoudre les lourds problèmes qui s'amoncel-
lent sur nous. Mais nous pouvons du moins
tenter de voir avec netteté quels sont ces problèmes, et de discerner les causes, tant permanentes que temporaires, tant morales que
matérielles, qui ont plongé l'humanité dans
cet abîme de calamité ; et nous pouvons nous
interroger mutuellement sur les forces qui
l'aideront à s'en affranchir. L'heure est aux
questions, et non encore aux réponses. Avant
que le moment soit venu d'en résoudre quelques-unes, la plupart d'entre nous, qui sommes
assemblés ici en ce jour, seront allés rejoindre,
par delà la profonde Rivière de l'éternel oubli,
ceux qui à cette heure donnent leur vie pour
que l'Angleterre puisse vivre.

II

Allocution prononcée le 14 juillet 1916

Il y a un an, dans mon discours présiden-
tiel, j'ai noté et proposé à vos réflexions un
certain nombre de faits que la guerre a mis en
pleine lumière, et qui méritent d'être étudiés
par les historiens, parce qu'ils peuvent éclairer
divers aspects des guerres antérieures. Je veux
aujourd'hui relever quelques autres faits du
même ordre. Je m'appliquerai à observer stric-
tement la règle très sage qui, au sein de notre
Académie, interdit toute incursion dans le
domaine de la politique courante. Règle salu-
taire, car, à l'enfreindre, il pourrait arriver
que, sous l'influence d'une passion très natu-
relle, on fût induit à prononcer des paroles
qu'on dût regretter plus tard.

* *

Parmi ces faits, je mentionnerai d'abord le
coup porté au droit des gens. Quelques-uns
des principes que l'on considérait comme les

mieux établis ont été littéralement anéantis. Pour user d'une expression d'Eschyle, les blessures dont ils ont été percés sont aussi nombreuses que les mailles d'un filet. Il est devenu manifeste aujourd'hui que certains gouvernements ne se laissent arrêter par aucune considération de morale ou de droit lorsqu'ils estiment qu'un acte donné peut leur valoir un avantage. Les nations, et en particulier les puissances demeurées neutres, se demandent s'il y a donc la moindre utilité à conclure des accords de cet ordre, à moins qu'on ne sache trouver une méthode qui contraigne à les respecter. Vaudra-t-il la peine, au lendemain de la guerre, de reconstruire péniblement l'édifice du code international, si l'on reste impuissant à l'établir sur des fondations plus solides? En temps de guerre, seule une action résolue des neutres peut châtier efficacement le belligérant qui le viole. Avons-nous quelque bonne raison d'envisager comme possible une pareille intervention?

Parmi les infractions à ce code, il en est une qui est particulièrement déplorable. C'en est fait du respect dû aux droits des populations civiles non combattantes, respect consacré par de longues années de pratique, et que l'on pouvait considérer comme l'adoucissement le plus précieux que le progrès de la civilisation eût apporté à la sauvagerie de la guerre. Il semble que nous soyons retournés à

la brutalité du haut moyen âge. En sommes-
nous partiellement redevables au système
qu'on appelle « la nation armée » ? De ce que
tous les hommes d'une nation sont appelés à
se battre, suit-il nécessairement que non seulement les hommes jusqu'au dernier, mais
encore les femmes et les enfants des pays ennemis doivent être traités en ennemis auxquels
nulle pitié n'est due? La haine a crû de pair
avec ces cruautés. De l'une à l'autre des nations
en guerre elle est plus féroce que jamais. A ce
double point de vue, nos soldats et ceux de la
France ont, croyons-nous, été jusqu'à ce jour
sans reproche. Mais il est permis de souhaiter
que la tension ne soit pas de trop longue durée.

Jamais encore on n'avait vu user aussi plei-
nement des pouvoirs dont les gouvernements
disposent pour tenir leurs sujets, aussi bien en
matière politique qu'en matière militaire, dans
une parfaite ignorance de la marche d'une
guerre : chose d'autant plus surprenante que
jamais les moyens d'être informé par la
presse n'ont été aussi abondants. Le fait est
regrettable, parce qu'il empêche l'opinion du
pays d'exercer sur son gouvernement l'action
à laquelle elle a droit. J'ai eu connaissance,
tout récemment, d'un exemple remarquable de
cette ignorance. Aucun incident, au cours des
deux années écoulées, n'a fait une impression
aussi profonde que le torpillage du *Lusitania,*

Or, on a frappé en Allemagne et distribué à profusion — sans que j'aie pu savoir sûrement si c'est ou non par les soins du gouvernement allemand — une médaille qui représente le *Lusitania* au moment où il s'abîme dans les flots. L'avant est surchargé de canons, d'aéroplanes, et d'autre matériel de guerre. C'est une leçon pour l'historien qui se sentirait tenté de faire fond sur les monuments artistiques contemporains des événements qui y sont figurés. Supposez que dans cinq siècles d'ici il ne survive qu'un petit nombre de documents relatifs aux faits du mois de mai 1915, et qu'on vienne à déterrer cette médaille sous quelque ruine. On serait porté à y trouver la preuve incontestable que le *Lusitania* — qui n'a transporté ni canons, ni aéroplanes — était chargé de munitions de guerre jusqu'à en regorger.

Jamais, au cours d'aucune guerre, les belligérants n'ont dépensé autant d'efforts pour gagner la sympathie des neutres. D'habiles agents ont été mis en œuvre et des sommes immenses ont été sacrifiées en vue d'exercer chez eux une influence sur l'opinion publique par le moyen de la presse. Sans doute, l'objet premier et immédiat de tous ces efforts était d'obtenir des neutres qu'ils prissent telle mesure bienveillante en faveur de la puissance belligérante qui menait cette action de propagande, ou encore qu'ils ne prissent pas telle

autre mesure en faveur des ennemis de cette
puissance. Mais il faut y discerner en outre
un hommage direct rendu au rôle de l'opinion
publique dans le monde, et l'aveu implicite
qu'il existe malgré tout pour les nations une
sorte de règle normale de conduite, dont on a
beau s'affranchir sous le prétexte de la nécessité, mais qui forme néanmoins la base sur
laquelle se fonde le jugement des neutres.

Les problèmes moraux qu'a soulevés cette
guerre ne sont nouveaux ni dans leur fond, ni
même dans leur forme, et datent au moins du
ve siècle avant J.-C., où nous les voyons agiter
à Athènes. Mais ils se sont posés avec plus
d'ampleur et d'acuité qu'à aucun autre moment, et la distinction entre les règles de conduite qui conviennent à l'individu et celles
qu'il sied d'assigner à l'État a été, dans l'un
des pays en guerre, développée à fond et cons-
truite en un corps systématique de doctrine.
Et l'on en vient à se demander aujourd'hui s'il
existe pour les États, dans la pratique des
relations internationales, une moralité quelconque, ou s'ils sont, les uns à l'égard des
autres, comme autant de bêtes sauvages,
étrangères à toute obligation d'honneur et à
toute bonne foi. La conservation de soi-même
est-elle pour un État la loi suprême, et l'autorise-t-elle à écraser le voisin, s'il y voit le
moyen le plus aisé d'assurer son propre salut?

S'il est pour l'État une conscience et une moralité, qu'est-ce que cette moralité? En quoi diffère-t-elle des principes moraux que la législation et l'opinion de toutes les sociétés humaines reconnaissent implicitement ou explicitement comme s'imposant individuellement aux citoyens dont se compose l'État? Si la moralité de l'État est inférieure en qualité à celle de l'individu, y aura-t-il lieu d'en rehausser le niveau; et, en ce cas, comment convient-il de s'y prendre?

S'il y a eu à cet égard retour en arrière, faut-il en chercher la raison dans la substitution de l'État, entité impersonnelle, à la personne du monarque? Au XVIe siècle, le monarque, à moins d'être un individu vil de nature, avait un certain sentiment de l'honneur, et se considérait comme astreint, non seulement à la censure de l'Église, mais encore au code de la chevalerie, qui — bien que la chevalerie n'ait jamais été exactement ce que les romanciers en ont fait — gardait un prestige réel. Lorsque l'empereur Charles-Quint vint à Paris se mettre aux mains de François Ier de France, qui avait été son ennemi — et même son prisonnier — et qui était destiné à redevenir son ennemi, il savait fort bien qu'il pouvait se fier à ce sentiment de l'honneur. François était sans doute loin d'être le type accompli du chevalier, mais il avait été le roi et l'ami de Bayard, ce modèle de toutes les vertus chevaleresques. Où trouver de nos jours la moindre trace de ce noble scrupule de délicatesse? Et est-il donc fatal que les hommes qui gouvernent aujourd'hui l'État se considèrent comme les gérants sans âme d'une société anonyme, et n'aient plus le moindre sentiment de cette responsabilité quasi-féodale qui liait jadis le seigneur terrien aux paysans qui cultivaient ses champs, et le patron aux ouvriers qui travaillaient sous ses ordres?

Ce sont là autant de graves questions, et qui ne sont pas graves uniquement pour les États, car il peut fort bien arriver que l'individu s'avise de se dire que la moralité qui est bonne pour l'État n'est pas moins bonne pour lui-même.

*
* *

J'en viens à une question plus vaste encore.

Les proportions inouïes de la guerre présente — inouïes à la fois par l'extension qu'elle a prise à la surface du globe et par la masse totale des ruines et des souffrances qu'elle amoncelle — conduisent infailliblement à se demander si ce « produit dernier du Temps » doit être considéré comme le résultat suprême de la civilisation. Devons-nous penser que des catastrophes de ce genre soient destinées à se reproduire de temps à autre? Des peuples ou des groupes de peuples en état de haine incessante, appliqués à se nuire économiquement les uns aux autres en temps de paix, et se déchaînant parfois en efforts éperdus pour se détruire l'un l'autre en temps de guerre, — est-ce bien là l'avenir que doit désormais envisager l'humanité, devenue plus nombreuse que jamais, et mieux pourvue que jamais de confort matériel et de luxe?

Tel est le problème qui n'a cessé d'obséder nos esprits au cours des deux années écoulées. Il implique lui-même trois questions :

1° Quelles ont été dans le passé les causes principales de guerre? Vont-elles diminuant ou croissant? Iront-elles diminuant ou croissant?

2° Est-il possible de discerner des forces qui puissent tendre à combattre l'action des causes qui conduisent à la guerre; et, en ce cas, quelles sont ces forces pacifiques, et sont-elles destinées à grandir?

3° Est-il possible d'imaginer un mécanisme international conçu en vue d'atténuer les forces qui agissent pour la guerre, et d'accroître celles qui agissent pour la paix?

Vous avez tous réfléchi sur ces questions, et il est donc peu probable que je sois en mesure de proposer à vos esprits des faits nouveaux ou des idées qui ne se soient encore pas présen-

Le désir d'acquérir des terres, ou d'occuper de nouveaux territoires, — exemples : les invasions des tribus teutoniques dans l'Empire romain au ve siècle, et des tribus slaves au vi^e et au viie.

Les successions disputées : deux ou plusieurs prétendants à un trône entraînent dans la querelle leurs sujets ou leurs partisans.

Les intérêts antagonistes dans le domaine du commerce et de l'industrie : un État veut en couper un autre de ses relations commerciales avec un pays donné, — c'est ainsi que l'Espagne tenta d'interdire aux Anglais l'Amérique du Sud, — ou prétend en réduire un autre au vasselage commercial, comme le fit l'Autriche à l'égard de la Serbie. Par une ironie singulière, les guerres de commerce sont souvent engagées avec une si parfaite ignorance des principes économiques que le succès même n'apporte aucun profit.

La seconde catégorie, où le motif initial est de l'ordre de la passion ou du sentiment, comprend les causes suivantes :

Les représailles pour un tort fait à un peuple ou pour une insulte infligée à un souverain, ou parfois simplement la revanche d'une défaite subie dans un conflit antérieur.

L'appétit de gloire chez un monarque.

La haine religieuse.

La haine nationale, motivée par des querelles

antérieures, et surexcitée parfois par une anti-
pathie de races.

Les sympathies — fondées d'ordinaire sur
des affinités de religion ou de race — pour
une partie des sujets d'un autre État, que l'on
considère comme des opprimés.

L'amour-propre national ou la vanité nationale.

La crainte d'être attaqué par un autre État.
C'est de cette cause que proviennent les
guerres dites préventives : une puissance qui
croit — ou qui affecte de croire — qu'elle est
menacée elle-même par les desseins d'une
autre puissance cherche à prendre les devants
et frappe la première.

Il est rare qu'une guerre ait une cause
unique : lorsque l'un quelconque des motifs de
conflit entre en jeu, il va de soi qu'il tend à
exaspérer d'autres motifs en germe, et à en
rendre l'action plus intense.

De toutes ces causes, il en est une seule
dont l'humanité soit à peu près parvenue à se
débarrasser : c'est la haine de religion — ou
d'Église. Le désir de propager la foi par le
moyen de l'épée a perdu son acuité, même
dans l'Islam, bien que les alliés européens des
Jeunes Turcs aient tenté récemment de tirer
parti de la prédication de la Guerre Sainte
contre l'infidèle. Dans les États que l'on qua-

lifie de chrétiens, les antagonismes religieux ne sont plus aujourd'hui qu'une source secondaire d'inimitiés, en ce sens qu'ils prédisposent aux discordes intérieures ou à l'hostilité internationale des communautés imbues de la tradition des persécutions anciennes. D'autre part, le sentiment de l'unité d'Église a parfois contribué à fortifier au sein d'un peuple le sentiment de l'unité nationale, et l'a amené à croire à ce qu'il appelle sa mission.

L'antique appétit de territoire ou de butin a changé de forme : le vol de bétail et la piraterie sur mer ont fait place au désir de se procurer des colonies plus nombreuses et meilleures, et de se rendre maîtres des moyens de production et des grandes voies industrielles du commerce. L'appétit de gloire du chef de tribu se retrouve dans l'ambition moderne de maintenir à son rang le renom et la grandeur d'une dynastie. Les motifs éternels — égoïsme, rapacité, vanité — n'ont rien perdu de leur force. Bien mieux, en un sens ils sont plus redoutables que jamais, car il arrive souvent qu'ils gagnent les masses de la nation, et qu'ils soient surexcités au plus haut point sous l'influence d'un agent dont nul n'eût imaginé l'universelle et pénétrante portée, avant que le télégraphe se fût mis au service de l'imprimerie.

Est-il permis d'espérer que l'une ou l'autre de ces causes vienne à disparaître ?

Les passions religieuses ont perdu leur véhé-

mence, et il se peut que les antagonismes
confessionnels s'effacent, car les dogmes et les
Églises ont relâché leur prise sur les cœurs des
hommes. Mais en revanche, le zèle ardent dont
ces antagonismes ne sont qu'une expression,
le désir qu'ont des communautés humaines
d'amener d'autres hommes à penser comme
elles, quitte à recourir à la contrainte si la per-
suasion demeure impuissante, cette passion
violente pourrait fort bien revêtir de nouvelles
formes, et, sous ces formes nouvelles, avoir
une fois de plus de terribles effets. Parmi les
autres causes, il n'en est pas une seule que
nous n'ayons vue à l'œuvre de nos jours, et
peut-être quelques-unes d'entre elles se sont-
elles montrées plus agissantes que jamais.
Presque toutes, par leur action sur l'une ou
l'autre des puissances aujourd'hui en guerre,
ont eu leur part dans la genèse du conflit au-
quel nous assistons. Le trait le plus inquiétant
de la situation présente, c'est que les intérêts
et les passions qui se heurtent sont ceux de
peuples entiers, et non plus seulement de
monarques ou d'oligarchies, car les inimitiés
qui en naissent sont infiniment plus durables
et plus funestes. Au temps jadis, où les philo-
sophes se plaisaient à tourner en ridicule le
roi qui partait en guerre pour venger un affront
ou pour procurer un apanage à un fils cadet,
il pouvait arriver que la colère du roi se
calmât, ou que la guerre se terminât par des

fiançailles princières, au lieu qu'à présent les
haines nées des conflits sont tenaces, et entre-
tiennent pour de longues années les jalousies
et les soupçons. Comme le dit Méphistophélès
dans le *Faust* de Gœthe, « le petit dieu qui
règne sur le monde est à tout jamais de la
même trempe ». Tout le reste change, les connaissances s'accroissent et la richesse grandit,
mais la nature humaine, pour l'essentiel, est
encore aujourd'hui ce qu'elle était il y a trente
siècles.

On peut alléguer que nous aurions grand
tort d'attacher trop d'importance aux circon-
stances du sein desquelles a jailli la guerre
présente, parce que tout y fut anormal et sans
précédent, et que la conduite d'un certain
nombre au moins d'entre les belligérants atteste
jusqu'à l'évidence qu'ils n'avaient point d'intentions belliqueuses. La remarque est loin
d'être sans valeur, car il y a lieu de tenir
compte, non seulement des actes de chacune
des nations en présence, mais encore de l'esprit et des motifs qui déterminèrent ces actes.
Pourtant, ces concessions faites, il n'en faut
pas moins conclure que jamais les forces d'où
naissent les conflits ne se sont montrées plus
puissantes qu'à notre époque. Il n'y a trace
d'affaiblissement ni dans l'esprit de rapacité
ni dans l'esprit d'arrogance qui meut les hommes — souverains ou sujets — de qui dépend
la guerre ou la paix. Et nous avons pu constater

(en particulier dans l'Europe du sud-est) que le sentiment de la nationalité, qu'au temps de Mazzini on s'accordait à célébrer comme un bien à peu près pur de tout mélange, peut fort bien se trouver troublé par l'égoïsme, l'envie et l'orgueil national.

Ainsi, cette revue sommaire des causes de guerre dans le passé ne peut nous laisser que très peu de raisons d'espérer.

*
* *

Passons à la deuxième question. Si nous considérons comme accordé, à la lumière des faits, que les causes qui ont provoqué les guerres tout au long de l'histoire du monde continuent d'être présentes et puissantes, sommes-nous en mesure de dégager des forces qui dès à présent leur tiennent tête, et qui aient chance, dans l'avenir, de fournir une aide efficace aux motifs qui agissent en faveur de la paix?

Quatre forces, à divers moments de l'histoire, ont suggéré l'espérance.

La première est la religion. Des trois grandes religions universelles, l'une, l'Islam, est essentiellement belliqueuse, car c'est le devoir de tout chef musulman de propager la foi par l'épée. Les deux autres sont pacifiques de nom. Je ne veux point toucher à l'histoire du bouddhisme : je me contenterai de noter qu'en matière politique la pratique bouddhiste n'a jamais rien eu de commun avec sa doctrine, et qu'il n'y a donc pas lieu de tenir compte de la doctrine. Quant au christianisme, il suffit de parcourir d'un simple coup d'œil l'histoire des siècles écoulés depuis l'empereur Constantin. *Res ipsa loquitur.* Que penserait l'un des apôtres, que penserait un saint martyr du second siècle, s'il se trouvait rappelé à la vie, et si on lui expliquait que l'évangile qu'il prêchait a fait la conquête du monde, et que presque toutes les nations aujourd'hui occupées à s'entretuer l'ont adopté comme la loi de leur conduite?

Y a-t-il lieu de croire que les principes chrétiens soient appelés à prendre dans l'avenir sur la conduite des nations une influence qu'ils n'ont pas eue dans le passé? La question est aujourd'hui aussi obscure qu'elle le fut jamais. Plus encore que l'histoire laïque, l'histoire ecclésiastique nous enseigne qu'il est parfaitement impossible de prédire les fluctuations de la pensée et du sentiment, et les transformations qu'ils subissent. Assurément, dans un champ illimité de possibles, il y a place pour l'espérance. Et il est hors de doute qu'au moins en de certains pays, le christianisme est plus riche de promesses d'influence pacifique qu'il ne l'était il y a deux siècles.

La seconde de ces forces, c'est la forme démocratique du gouvernement. Nous enten-

dons fréquemment annoncer que, sitôt que la
masse du peuple — c'est-à-dire la majorité
numérique des électeurs — sera en tous pays
devenue maîtresse de la politique extérieure,
c'en sera fait des vieilles traditions dynastiques
qui si souvent décidèrent les agressions, et que
la suprématie des castes militaires sera brisée.
— La thèse est plausible, car les travailleurs
ont partout plus à redouter de la guerre qu'aucune autre classe. Ils sont les premiers à perdre
leurs emplois et à se faire tuer sur le champ de
bataille. Il se peut donc que le sentiment de la
solidarité de classe, qui a fait des progrès plus
rapides parmi les prolétaires que dans les
autres couches des sociétés humaines — encore que ces progrès se soient révélés moindres
qu'on ne s'y attendait — les incline à faire
obstacle aux haines permanentes entre nations.
Mais cette thèse se heurte à de fortes objec-
tions. Outre qu'aucune démocratie n'a pu
encore vaincre les graves difficultés pratiques
d'une gestion des relations extérieures par la
masse populaire, on peut soutenir que la foule
est exposée, autant que n'importe quelle autre
classe sociale, à être emportée par la passion,
à se sentir gonflée d'amour-propre national ou
d'orgueil de race, à convoiter les terres ou la
prospérité commerciale d'autres nations. C'est
ce qu'attestent l'histoire des gouvernements
populaires de l'antiquité, et les annales des
républiques beaucoup moins populaires de

sont riches en ressources minières, et qu'il ouvre ou crée de nouveaux marchés hors d'Europe. Or des plans de cet ordre ne peuvent être réalisés que par le moyen de la puissance militaire. C'est ainsi, conclut-on, que le militarisme gagne à sa cause les grands chefs d'industrie, et jusqu'aux masses d'hommes qu'ils emploient. Gloire militaire et prospérité nationale ne font plus qu'un. Les hommes d'affaires ont leurs raisons pour trouver de leur goût les armements immenses, et le peuple, fier de ses ressources militaires, se trouve naturellement tenté d'en faire usage. Que l'on parvienne donc à battre en brèche la doctrine de l'État tout-puissant, que l'on décide les masses populaires à s'insurger contre l'envahissement des fonctionnaires et l'élargissement de la sphère d'action de l'État, et l'on aura beaucoup fait pour apaiser les antagonismes qui divisent les nations et pour venir à bout d'une redoutable cause de guerre. — Les événements récents donnent du poids à cette argumentation, mais on n'observe guère à l'heure présente de signes qui annoncent un mouvement tant soit peu général contre les doctrines qu'il s'agirait de ruiner. Tout au contraire, il semble qu'en tous pays le champ d'action de l'État soit destiné à s'étendre : outre que diverses classes sociales le souhaitent pour des raisons qui leur sont particulières, il est clair qu'un courant d'idées nettement dessiné emporte les sociétés contemporaines dans cette direction. Ce qui ne veut pas dire qu'en définitive l'humanité doive trouver son compte à la tendance aujourd'hui prédominante : nous connaissons par les leçons de l'histoire des courants de ce genre qui, momentanément assez forts pour tout balayer devant eux, se sont trouvés à la longue avoir fait plus de mal que de bien.

Reste enfin un dernier motif d'espérer. Il en est parmi nous qui croient que nous devons nous attendre à voir grandir par tout le monde civilisé un sentiment général d'affection et de bienveillance pour l'homme en sa qualité d'homme, sans égard à la diversité des nations ; que ce sentiment finira par pousser les uns vers les autres les peuples de la terre, et par leur donner l'idée vivante d'une immense Société embrassant l'humanité entière, et envers laquelle ils seront tous tenus par des devoirs d'un ordre plus haut que ceux qu'ils ont envers leur propre État et leur propre patrie. Sans doute la tâche d'éveiller et de nourrir ce sentiment de fraternité entre les hommes fut l'un des objets de la Bonne nouvelle que le christianisme apporta au monde, et il trouva toujours son plus ferme appui dans la foi religieuse. Pourtant, comme on peut concevoir et comme on a pu constater qu'il peut vivre à part de toute croyance chrétienne, il est légitime d'en faire une mention spéciale. Y a-t-il apparence que ce sentiment croisse dans l'avenir au point de prendre assez de puissance pour agir sur la conduite des nations? Et, de fait, l'avons-nous vu grandir?

Ceux d'entre nous dont les premiers souvenirs remontent à soixante ans ont l'impression que dans la plupart des pays, et peut-être dans tous, il est aujourd'hui plus faible qu'il ne l'était dans leur enfance, de même qu'il était alors plus fort qu'il ne l'avait été à l'époque où l'affreux trafic des esclaves d'Afrique était encore considéré comme un élément légitime de l'actif d'un commerce prospère. Mais une vie d'homme est une période trop courte pour qu'il soit permis de conclure en pareille matière. Nous avons vu de nos jours grandir singulièrement sous nos propres yeux, parmi ceux envers qui la Fortune a été douce, le sentiment de leur responsabilité envers ceux qu'elle a négligé de favoriser. Nous voyons à l'œuvre, entre les membres d'un même peuple, une sympathie plus active, et, en dépit des antagonismes de classe, une fraternité plus profonde et plus forte. Qui sait si un état sentimental analogue ne se répandra pas sur le champ plus large des relations internationales? Nous voyons que dès à présent, dans les pays de langue anglaise, — les seuls que nous connaissions d'assez près pour en parler, — il existe une pitié plus chaude et plus générale qu'à aucune époque antérieure pour toute espèce de souffrances en tous pays, et nous voyons que la réponse est prompte et généreuse, chaque fois qu'il s'élève, d'un point quelconque du globe, un appel en faveur des victimes de quelque désastre, tremblement de terre, inondation ou cyclone. Si les haines et les horreurs dont nos yeux sont saoulés nous causent une souffrance si vive, c'est surtout parce que nous y voyons un retour à un passé sombre et cruel, — et cela encore est tout à la fois une preuve que l'humanité a marché, et, pour quelques-uns d'entre nous, un motif d'espérer que ce que nous voyons passera et fera place à quelque chose de meilleur.

*
* *

Maintenant que nous avons énuméré les causes naturelles — si l'on peut dire — qui ont agi ou qui agissent soit pour la guerre, soit pour la paix, il ne nous reste plus qu'à nous demander s'il y a quelque chance que les nations, par un effort conscient et concerté, réussissent à organiser un système, quel qu'il soit, qui ait tout au moins pour effet de rendre les guerres moins probables pour l'avenir. Quiconque examine d'un peu près les guerres issues des causes que j'ai dénombrées, en vient nécessairement à se convaincre que, dans la grande majorité des cas, la paix eût pu être sauvée, sans honte pour l'une ni pour l'autre partie, et

au grand avantage matériel de toutes deux, si
l'on avait prévu plus clairement quelles seraient
les conséquences de la guerre, et si l'on avait
vraiment désiré l'éviter. Un grand nombre de
guerres ont été injustes, et la plupart n'étaient
nullement nécessaires. Est-il possible d'imaginer un moyen qui, s'il vient à surgir une querelle entre deux ou plusieurs nations, permette aux autres nations d'intervenir pour empêcher que le différend ne se règle par les
armes?

C'est un très vieux problème. Nous le voyons
débattu dès le xive siècle, lorsque deux grands
Italiens, Dante Alighieri et son contemporain
plus jeune, Marsile de Padoue, furent d'accord pour voir dans l'autorité temporelle de
l'Empereur de Rome la garantie — et l'unique
garantie — de la paix pour un monde tiraillé
en tous sens, tout comme d'autres avant eux
l'avaient cherchée dans la juridiction spirituelle
de l'Évêque de Rome. Cinq siècles plus tard, le
problème fut repris par Emmanuel Kant, et,
une génération après lui, la Sainte-Alliance
essaya de lui donner une solution débile, sur la
base de principes qui d'avance la condamnaient
à l'échec. Aujourd'hui, en Grande-Bretagne et
aux États-Unis, des âmes confiantes s'occupent
activement à tracer le plan d'une sorte de fédération, ou de ligue, ou d'alliance des nations,
dont la tâche propre serait d'évoquer devant
elle les puissances en dispute, de les con-

traindre à s'en remettre à l'arbitrage ou à la conciliation, et de leur interdire toute action violente, du moins jusqu'à l'heure où les procédés d'arrangement pacifique auraient épuisé leur dernière chance. Il n'est guère possible d'écarter purement et simplement de pareilles idées en les taxant de chimères, maintenant qu'en Angleterre et en Amérique elles ont été consacrées par les autorités politiques les plus hautes. Je n'ai pas le dessein de les discuter; je me bornerai à compléter indirectement ce que j'ai dit plus haut touchant les causes permanentes de guerre, en indiquant les difficultés que doit vaincre tout système préventif de ce genre.

Je n'en veux mentionner que quelques-unes.

Les hommes d'État de la vieille école, il faut s'y attendre, feront mauvais accueil à des méthodes qui auront pour effet de réduire le pouvoir dont ils disposent. Mais, ce qui est plus grave, c'est que toutes les nations, et surtout les nations puissantes et orgueilleuses, opposeront un mauvais vouloir obstiné à l'idée de soumettre aux décisions d'un tribunal étranger ce qu'elles appellent leurs droits. On a pu réussir à triompher de cette répugnance en un certain nombre de cas récents, mais aucun de ces cas ne mettait en question des intérêts d'une très haute importance; et, même dans les pays où l'arbitrage trouve le plus de faveur, il sera malaisé de venir à bout de ce préjugé sentimental très invétéré, qu'une cession de territoire est une affaire où la nation intéressée doit avoir le dernier mot. En tout pays, à tout propos, politiciens et journalistes, pour plaire à leur public, s'évertuent à lui donner l'assurance que sa cause est la bonne, ce qui n'est pas pour faciliter des compromis raisonnables. Un homme d'État américain, sage et expérimenté entre tous ceux que je sache en aucun pays, remarquait récemment que, de toutes les difficultés que doit surmonter l'homme chargé de négocier un traité, il n'en est guère de plus grande que la perspective certaine du déplaisir que toute concession, quelle qu'elle soit, causera à ses compatriotes, alors même qu'il sent que la cause de son pays n'est pas des meilleures, et qu'il a la conviction que mieux vaut ne pas s'obstiner. Il semble que les nations ne soient pas moins chatouilleuses sur ce qu'on appelle « le point d'honneur » que ne l'étaient, il y a trois siècles, les membres de la noblesse de France et d'Angleterre. Elles se raidissent contre des arrangements auxquels des individus souscriraient fort bien. L'homme qui ose conseiller de laisser tomber une prétention insoutenable est accusé aussitôt de lâcheté, ou suspecté de manquer de patriotisme.

Supposons qu'une nation soit invitée à réduire ses armements défensifs sur la foi de la

promesse que les autres États, unis en une
ligue de la Paix, lui auront faite de joindre
leurs forces aux siennes contre toute agres-
sion : il y aura toujours matière à hésitations
légitimes. Est-il certain que les participants à
l'alliance pacifique seront unanimes à tenir
leurs engagements en toute circonstance, et
non pas seulement dans les cas où ils y auront
un intérêt manifeste? Lorsque plusieurs États
alliés se sentiront également menacés par un
ennemi puissant, il est clair que la considération de leur propre salut les obligera à tenir
ensemble. Mais il n'est pas très difficile d'imaginer des cas où tel ou tel membre de la ligue,
faute d'avoir à un moment donné le moindre
intérêt à soutenir un allié dans le danger, saura
fort bien, soit par répugnance à se battre, soit
parce qu'il se sera laissé corrompre par l'offre
de quelque avantage, trouver quelque bonne
raison pour rester à l'écart. La défaillance de
l'un des membres aura vite fait d'en décider
quelque autre à suivre son exemple, sous le
très plausible prétexte que, du moment qu'un
ou plusieurs associés viennent à manquer aux
engagements pris en commun, il n'est plus au
pouvoir des autres de les tenir. Sans doute,
nul ne conteste qu'il y ait en définitive bénéfice
pour tout le monde à ce que les États soli-
daires trouvent le moyen de se protéger mutuellement et de réprimer toute tentative de
troubler la paix commune; mais en politique

on attache d'ordinaire plus de prix à éviter un
mal prochain qu'à viser un bien plus lointain,
pour cette simple raison que personne ne peut
se méprendre sur celui-là, alors que celui-ci
ne touche vraiment que le petit nombre des
hommes dont l'esprit est plus grand ouvert, et
dont le regard porte plus loin.

Il est une autre difficulté à laquelle on a
prêté peu d'attention, parce que les initiateurs
de ce genre de projets, tout entiers à la joie
que leur donne l'excellence de leurs fins, ou-
blient assez généralement de se préoccuper des
moyens. On sera dans un très grand embarras
lorsqu'il s'agira de désigner les hommes qua-
lifiés pour remplir les fonctions de l'arbitrage
et de la conciliation. Il ne manque pas de ju-
ristes compétents en droit international qui
soient aptes à résoudre des questions purement formelles et juridiques, par exemple, à
interpréter les clauses d'un traité : s'ils ne sont
peut-être pas très nombreux en Europe, il en
existe du moins assez pour les besoins immé-
diats. Mais les causes qui risquent le plus
de conduire à des hostilités ne sont pas du
ressort des légistes. De tous les motifs de
dispute qui ont engendré des guerres en Europe depuis 1815, il en est bien peu auxquelles
on eût appliqué avec profit les méthodes judi-
ciaires d'une cour arbitrale[1]. Les guerres nais-

1. Parmi ces cas très rares, on peut citer la controverse

sent en général de questions dont la portée est plus large, de questions auxquelles il n'existe pas de précédents exacts, de questions qui mettent en jeu les passions des chefs d'État ou des peuples. Des questions de cet ordre comportent conciliation, et non arbitrage; et il faudrait de toute nécessité que le soin de la conciliation fût confié à des hommes qui possédassent une connaissance approfondie des affaires européennes, et une longue pratique de la politique internationale. Ils devraient avoir une autorité qui dépassât les frontières de leur patrie, et qui fût de taille à donner plus de poids à leur jugement. Il leur faudrait enfin assez d'indépendance de caractère et assez de courage pour s'en tenir fermement à ce qu'ils considéreraient comme équitable et comme sage, au risque de déplaire à leurs compatriotes. Il n'existe jamais qu'un petit nombre d'hommes en qui ces différentes qualités aient chance de se trouver toutes réunies.

Mieux vaut connaître ces obstacles et les aborder de face que de les ignorer et de se complaire dans l'optimisme facile qui prend ses désirs pour des réalités, ou qui se flatte à trop bon compte que les préceptes moraux prévaudront contre les mauvaises habitudes

relative à la succession aux duchés de Slesvig et de Holstein qu'ouvrit la mort de Frédéric VII de Danemark. Les parties ne se souciaient nullement de recourir à un arbitrage.

d'une si longue séric de générations humaines.
Mais les obstacles ne sont pas insurmontables.
Si les peuples libres du monde avaient un désir
véritable et sincère d'une paix durable, s'ils la
désiraient avec assez de sérieux pour en faire
le premier objet de leurs efforts et pour lui
sacrifier, dans la mesure nécessaire, l'indépendance de leur action, la tentative pourrait être
faite, avec de belles chances de succès. Si l'on
veut l'essayer, ce qui sera indispensable par-
dessus tout, c'est que l'on parvienne à créer,
non seulement le sentiment commun d'un devoir de dévouement envers l'humanité et une
sympathie qui s'étende au bien des autres
nations avec autant de sincérité et de force
qu'à celui de sa propre patrie, — en d'autres
termes, un esprit international, — mais encore
une opinion publique internationale, une opinion commune à un grand nombre de peuples,
qui jugera la conduite des autres nations au
nom d'une norme morale, sans se laisser in-
fluencer autant qu'aujourd'hui ni dévier de sa
route par la préférence que chaque pays est
porté à accorder à ce qu'il considère comme
son intérêt propre.

Supposez pour un moment qu'on réussisse à
fonder un pareil *judicium orbis terrarum* : il
fera plus qu'aucun tribunal arbitral, qu'aucun
conseil de conciliation, qu'aucune alliance des
puissances, pour hausser le niveau moral des
rapports entre nations, pour imposer un frein

même aux passions égoïstes des monarques ou
des démagogues. Bien que les nations soient
encore très éloignées du jour où elles se lais-
seront envahir et pénétrer par l'état de sentiment et d'opinion que je viens de définir, rien
ne nous oblige à croire que les flots des passions déchaînées doivent continuer longtemps
encore à se ruer avec la violence qu'ils ont
aujourd'hui, et il nous est au contraire permis
d'espérer que le dévouement commun au bien
commun de l'humanité tout entière croîtra en
force et revendiquera ses droits, petit à petit,
au cœur des générations prochaines.

*
* *

Je me trouve amené à un dernier point, au-
quel je veux m'arrêter en terminant.

Auprès de toutes les autres tristesses de ce
temps, auprès du chagrin et du deuil qui se
sont assis à chaque foyer, auprès de la perte
de ces jeunes et claires intelligences qui de-
vaient être les conductrices de la génération
prochaine, et parmi lesquelles il s'en trouvait
qui eussent rendu des services incomparables
à la culture, à la science et à l'art, — auprès
de pareilles catastrophes, le mal dont je vais
parler peut sembler n'être que peu de chose.
Il faut pourtant en parler, car il affecte direc-
tement ce qui est la raison d'être de notre
Académie, et, mieux que personne, avec nos
amis et nos collègues de la Société Royale,

nous sommes en mesure d'en connaître la
gravité. Je veux parler de la rupture des liens
d'amitié qui unissaient les grands peuples de
l'Europe, de la cassure qui a mis fin à tous les
rapports entre personnes, à la poursuite commune des connaissances nouvelles, à la recherche commune du vrai, à cette collabora-
tion dont tous les peuples ont tiré un égal
profit. Ceux qui s'adonnent à l'étude de la
philosophie et de l'histoire y ont perdu presque
toute leur peine, s'ils n'y ont gagné de voir
plus loin que leur propre pays et que leur
propre temps, et s'ils n'y ont appris que, si les
progrès de l'humanité ont été possibles, c'est
grâce aux efforts associés d'un grand nombre
de races et d'une grande variété d'intelligences
et de caractères, chacun profitant du travail
des autres, et chacun prouvant à son tour aux
autres que cette coopération est la condition
nécessaire de tout progrès ultérieur. Il ne peut
être question de la rétablir aujourd'hui; mais,
du moins, ne faisons rien pour en retarder le
rétablissement en des jours meilleurs. Ces
jours-là, il en est parmi nous plus d'un qui ne
les verra pas. Pour les plus âgés d'entre nous,
c'en est fait à tout jamais de la camaraderie
exquise et mutuellement secourable qui nous
liait aux hommes cultivés de deux autres
grandes nations; c'en est fait de cette solidarité
cordiale dans la recherche de la vérité qui do-
minait de haut toute jalousie nationale, et qui

fut féconde en fruits précieux pour l'avancement des lettres et de la science. L'association n'est plus, et le monde en souffrira, pour de longues années à venir. Mais la séparation ne peut être éternelle. Lorsque l'ouragan a rasé la forêt, ou que la trombe a mis à nù les versants de la vallée, les forces éternelles de la Nature, lentes et souvent imperceptibles dans leur œuvre, mais incessamment actives, se mettent à réparer les ruines qu'a causées la tempête. De jeunes arbres jaillissent du sol pour renouveler la forêt, et la verdure revêt à nouveau le penchant des collines ravagées.

Il y a deux ans, l'Esprit de violence et de guerre a été lâché sur le monde, comme un cyclone qui brise tout sur son passage. C'est lui qui, dans l'*Iliade*, est personnifié par Até, l'Esprit mauvais qui s'empare des âmes. Elle est la puissance méchante qui court rapidement à la surface de la terre, allumant les haines, poussant les hommes au mal. Mais le poète nous dit qu'après Até viennent les Litai, les douces filles du grand Zeus, qui, par leur grave insistance, apaisent les cœurs des hommes et les rendent pitoyables. Leur démarche est hésitante, et leur visage est creusé de rides, et leur regard est incertain et oblique; mais elles apportent le repentir et elles adoucissent les passions que l'Esprit du mal a enflammées. Até a fait son œuvre dans le monde; et nous voyons partout la trace mortelle de

son passage. Mais bientôt les Litai viendront
suivre lentement cette trace, et entreprendront
de guérir les blessures qu'elle a laissées au
plus profond du cœur des hommes. Il n'est
pas possible que les nations se haïssent éternellement. Il faut que le jour vienne où les
hommes — ceux-là même chez qui la haine
est aujourd'hui la plus forte — sauront quelles
sont les sources véritables de ces calamités, et
où leurs esprits s'illumineront et où leurs
cœurs seront touchés. Puisse ce jour arriver
bientôt!

Αἴλινον αἴλινον εἰπέ, τὸ δ'εὖ νικάτω.

(Chante le chant lugubre, — mais qu'enfin le mieux
triomphe!)

(ESCHYLE, *Agamemnon*, 145.)

TABLE DES MATIÈRES

80373. — Imprimerie LAHURE, rue de Fleurus, 9, à Paris.

www.ingramcontent.com/pod-product-compliance
Lightning Source LLC
Chambersburg PA
CBHW051631060726
47597CB00004B/1531